ТАЙНЫЙ ИЗРАИЛЬ

путешествие во времени
с каббалистами

Это издание часть единого проекта на нескольких языках, основой которого является новый документальный киносериал М. Санилевича и С. Винокура.

В книге представлены материалы из редких каббалистических источников. Читатель узнает о том, насколько тесно переплетены история еврейского народа, география Земли Израиля и великие открытия каббалистов.

В конце каждой главы стоит QR code, который направит читателя к просмотру очередной части киносериала.

Тайный Израиль.
Путешествие во времени с каббалистами
Bnei Baruch-Kabbalah La'am Association – 96 стр.
Напечатано в Израиле.

The Hidden Israel:
The Hidden Israel: A journey in time with Kabbalists
Bnei Baruch-Kabbalah La'am Association. – 96 pages.
Printed in Israel.

ISBN 978-965-551-043-0
DANACODE 760-177

© Bnei Baruch-Kabbalah La'am Association, 2022.

СОДЕРЖАНИЕ

Неизвестная география Израиля 5

Путь Авраама 15

Содомский грех 25

Переход Красного моря 33

Тайна вечной книги 41

Иерусалим – сердце мира 51

Армагеддон – Война Гога и Магога 59

Ханука – чудо победы 67

Книга Зоар 75

Я и Творец 83

НЕИЗВЕСТНАЯ ГЕОГРАФИЯ ИЗРАИЛЯ

На каждый участок Земли воздействуют особые силы. Неслучайно люди, рожденные в определенном месте, обладают схожей внешностью, определенными свойствами характера и ментальностью. Иногда эти силы называют духовными.

Израиль расположен в месте концентрации этих сил, откуда они распространяются по всей Земле. Поэтому неудивительно, что именно здесь родилась каббала – древнее знание, призванное привести к совершенству весь мир.

Тайный Израиль — путешествие во времени с каббалистами

Один из разделов каббалы описывает процесс возникновения материального мира. В этом удивительном и интереснейшем описании особо отмечен регион, который называется Земля Израиля. Около четырех тысяч лет назад основатель еврейского народа Авраам обнаружил, что именно здесь концентрируются особые силы, которые распространяются по всей Земле. Сюда он и привел своих учеников.

Сегодня эта земля считается святой для всех авраамических религий, и самые разные люди питают к ней особые чувства.

Особенность этой земли выражается буквально во всем. По классификации климатолога Кёппена, на всей поверхности Земли существует всего пять типов климатических зон. Израиль – незаметная точка на карте мира делится на три климатические зоны.

Неизвестная география Израиля

Каждые несколько десятков километров меняется ландшафт и, соответственно, ощущения человека. Проезжая Мертвое море, Кинерет, Иерусалим, Голанские высоты, мы попадаем в совершенно иной мир.

Величайший каббалист Ари указывает, что территория Израиля находится под воздействием пяти сил (сфирот): Кетэр, Хохма, Бина, Зэир Анпин, Малхут.

> Ари – рабби Ицхак Лурия Ашкенази (1534–1572). Один из величайших каббалистов в истории человечества. Создал основополагающую систему обучения каббале. Пользуясь его методикой, каждый человек, изучающий эту науку, может достичь цели творения. Основной труд – книга «Древо Жизни».

Каждая сфира (ивр. от слова сапир – свечение) проецирует свое воздействие на соответствующий участок Земли Израиля.

КЕТЭР

Кетер — это начало всего, мысль, которая затем претворяется в действие. Эта сила непостижима, ее основное свойство – эманация, созидание, отдача.

Эту силу олицетворяет гора Хермон, которая зимой своей заснеженной шапкой высится над всей Землей Израиля. Любопытный факт – известный писатель, поэт и политический деятель Владимир (Зеев) Жаботинский во время заключения в крепости Акко написал стихотворение, где он совершенно естественно объединяет понятия Хермон и Кетэр. Кетэр – на иврите «корона».

> Нам, нам, только нам
> Уготована корона
> Хермона.

Высота Хермона – 2814 м над уровнем моря. Горная гряда протяженностью около 60 км находится на границе Израиля с Сирией и

Ливаном. Израилю принадлежит 70 квадратных километров массива горы.

Сегодня это важный стратегический пункт и зимний курорт Израиля.

Гора Хермон упоминается в ТАНАХе 13 раз и имеет четыре разных названия. Здесь проходила северная точка завоеваний предводителя еврейского народа Йеошуа бен Нуна, пришедшего на смену великому Моше.

В районе Хермона отмечаются еврейские поселения, начиная с эпохи Ирода. В период Мишны и Талмуда евреи продолжали жить на Хермоне, чему есть письменные свидетельства.

Великий каббалист, врач и философ Рамбан в своем комментарии к Торе написал, что имя «Хермон» происходит от корня слова «херем», то есть. «запрет».

Вообще в каббале «запрет» означает – «невозможно». Это относится, в первую очередь, к понятию «Кетэр», которое и олицетворяет гора Хермон. Кетэр – это высшее свойство Творца, Его мысли и замысел, которые нами абсолютно непостижимы.

Интересно, что слово «Хермон» на иврите также означает – «святое место».

ХОХМА

Хохма означает «мудрость». Первая стадия созидания. Воплощение мысли, действие, свет, без которого нет жизни.

Эту силу символизируют воды, стекающие с горы Хермон, и вся территория вплоть до озера Кинерет. Они спускаются с Хермона многочисленными ручьями; их еще называют «32 источниками света хохма». Каббалистическая мудрость на протяжении тысячелетий расцвела и развивалась именно на этой территории.

В Галилее, недалеко от Цфата, находится гора Мерон, высотой 1208 м. Исследователи относят название «Мерон» к местности Мером, что в переводе с иврита означает «высокое место». Мерон упоминается в Торе, а также фигурирует в египетских и ассирийских списках ханаанских городов.

Между горой Мерон и древним городом Цфат находится Идра Раба – маленькая пещера, затерявшаяся в холмистом ландшафте.

Около двух тысяч лет тому назад Шимон бар Йохай привел сюда своих учеников. Они сидели внутри этой пещеры и вместе писали Книгу Зоар.

Пик расцвета каббалистической мудрости произошел в XV–XVI веках именно в Галилее. Город Цфат стал настоящим каббалистическим центром. В город съехались каббалисты из Турции, Марокко, Испании и других стран Европы.

Самым ярким их представителем был Ицхак Лурия – Ари. До него каббала считалась учением, скрытым от человечества. Ари открыл ее миру. С того момента каждый может постичь тайны каббалы вне зависимости от национальности, пола и возраста.

> Ари было позволено открыто объяснять каббалу. Возможно, уровень знаний каббалистов, живших до Ари, был намного выше, но им не позволялось раскрывать свои знания.
>
> *Бааль Сулам*

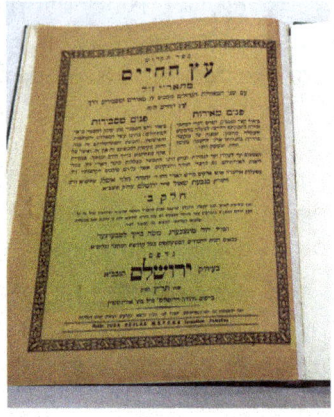

Бааль Сулам – рав Йегуда Ашлаг (1885 – 1954). Величайший каббалист XX века, основоположник современной науки каббала. Автор комментариев к Книге «Зоар» – самому известному каббалистическому произведению в истории.

БИНА

Бина - сила всеобъемлющей любви, которая ограждает нас от эгоизма и устремляет к самоотдаче.

Отражение этой силы в нашем мире – озеро Кинерет.

Слово «Кинерет» объясняется внешней формой озера, напоминающей арфу (на иврите «кинор»). В Торе говорится, что на этом инструменте играл сам царь Давид. Озеро питает всю страну и наполняет ее жизнью.

Кинерет ассоциируется с чистотой, покоем, любовью и отдачей. Именно здесь находится таинственный колодец Мирьям. Во многих древних книгах говорится о чудодейственном свойстве этого колодца. По преданию, если выпить из него воды, то человеку раскроются все тайны мироздания.

Кинерет – это самый низкий на Земле пресный проточный водоем. Он расположен в восточной части Нижней Галилеи, в 200 км от Иерусалима, на 213 м ниже уровня моря. В древних литературных источниках он именуется Галилейским или Геннисаретским озером. Также Кинерет называется Тивериадским озером – по имени

расположенного на его берегах города Тверия. В Израиле же его называют древним именем – «Ям Кинерет» (море Кинерет).

Как и Мертвое море, Кинерет является частью Сиро-Африканского разлома. Благодаря теплому климату, обилию пресной воды и рыбы, люди селились здесь во все времена. В древности тут проходил морской путь из Египта в Месопотамию. Кинерет упоминается в древних египетских папирусах XV века до н. э. и в Торе.

Итак, воды озера Кинерет стекают с горы Хермон (олицетворение сфиры Кетэр, как вы помните) в виде 32 ручьев – путей мудрости (сфира Хохма). И когда они втекают в Кинерет, уже называются рекой «Иордан» – от слова «йорéд» («спускается», «падает»). Интересно, что воды Иордана не смешиваются с водой Кинерета, а проходят сквозь него и в конце своего пути впадают в Мертвое море.

ЗЕИР АНПИН

В этой силе заложено управление миром, поскольку внутри нее соединяются две силы – альтруистическая сила Природы и эгоцентрическая сила Творения. Она является результатом первых трех сил и наиболее близка к нашему миру.

Материальное отражение силы Зэир Анпин – это часть страны, прилегающая к озеру Кинерет и центру Израиля. В этом районе живет основная часть населения и здесь наиболее развито сельское хозяйство.

Здесь же находится и столица страны – город Иерусалим, который считается сердцем мира. «Иерусалим» в духовном смысле – «совершенный город, построенный на трепете». Это трепет перед состоянием, когда нам раскроется Высшая сила и мы станем единым объединенным человечеством.

Мы видим камни, улицы, но сам этот город мы не чувствуем. Истинный Иерусалим можно ощутить только в исправленном сердце.

Неспроста Иерусалим является городом трех религий. В нем живут представители многих национальных, этнических и религиозных общин.

Здесь были поселения уже в четвертом тысячелетии до н. э. Город расположен между Средиземным и Мертвым морями в седловине Иудейских гор.

Около 1000 года до н. э. царь Давид провозгласил город столицей объединенного государства Израиль. Здесь в 950 году до н. э. его сын, царь (Шломо) Соломон, построил Первый Храм. Он был воздвигнут в период наивысшего проявления единства еврейского народа.

Всем хорошо известна Стена Плача – часть сооружения, уцелевшая после разрушения римлянами Второго Храма. Причиной разрушения Храма в 70 году н. э. стала беспричинная ненависть и разобщенность еврейского народа.

> При Втором Храме занимались вероучением, усердно исполняли заповеди, исправно отделяли десятины и отличались всякими добрыми нравами, но, вместе с тем, любили корысть и питали друг к другу беспричинную ненависть, а беспричинная ненависть такой тяжкий грех, что равняется идолопоклонству, блудодейству и кровопролитию.
>
> *Вавилонский Талмуд, трактат Йома, часть 2, 9:2*

Согласно иудейской традиции, на этом же месте будет построен Третий Храм. Каббала объясняет, что речь идет о внутренней связи всего человечества, когда оно вознесет на жертвенник весь свой эгоизм, сожжет его и объединится в любви.

МАЛХУТ

Олицетворение этой силы – Мертвое море.

Неподалеку от Иерихона, река Иордан впадает в Мертвое море. Побережье Мертвого моря самый низкий участок суши на планете. Уровень воды в Мертвом море приблизительно на 430 м ниже уровня моря.

На иврите «Мертвое море» – «Ям ха-Мелах», означает «море соли». Соль олицетворяет эгоистическое свойство – Малхут, а пресная вода – Бину, то есть альтруистическое свойство. Правильное соединение Малхут с Биной порождает жизнь.

Сегодня Мертвое море или Малхут – безжизненное место. Это подобно последней стадии эгоизма, который способен существовать только для себя. В будущем это место станет самым цветущими и красивым на земле.

Земля Израиля лежит в самом центре духовных сил. Маленький лоскуток, почти незаметный на лике планеты! Отсюда все начинается и сюда возвращается. Здесь наше прошлое и наше будущее.

ПУТЬ АВРААМА

~~~~

Около 3800 лет тому назад произошло событие, которое полностью изменило всю историю человечества. В Вавилонии – древнем царстве на территории современного Ирака – в плодородной долине между реками Тигр и Евфрат был расположен древний рай, колыбель всей нынешней цивилизации.

У Тераха – крупнейшего производителя идолов и одновременно советника по идеологии в государстве царя Нимрода – родился сын. Мальчик был со странностями. Уже с детства его мучили недетские вопросы о смысле жизни и едином Творце. Повзрослев, Авраам, так звали сына Тераха, начал заниматься тем же, чем занимался его отец – торговлей идолами. Ему прочили финансовый успех и достойное место в элите общества. Но однажды все изменилось…

В то время Вавилония начала переживать социальные потрясения. Патриархальные ценности, царившие в государстве, начали сдавать свои позиции. Людям становилось плохо и тесно там, где раньше было хорошо и привольно. То, что устраивало родителей, стало ненавистно детям. Тесные кровные и семейные связи начали разрушаться.

Чтобы отвлечь народ от насущных проблем, царь Нимрод затеял грандиозное строительство.

> Сказал Нимрод народу своему: «Давайте построим большой город и поселимся в нем, чтобы не рассеяться по земле, подобно предкам. И построим себе в нем большую башню, возносящуюся до небес… И обретем себе громкое имя на земле…»
>
> Рабби Пинхас говорит: «Не было там камней, чтобы построить город и башню…»
>
> …Если падал человек и умирал – не обращали внимания, а если падал кирпич, садились и плакали, говоря: «Когда другой встанет на его место?».
>
> И проходил Авраам, сын Тераха, и увидел, как они строят город и башню, и проклял их именем Бога.
>
> *Пиркей де рабби Элиэзер, гл. 24*

Как известно, этот глобальный проект провалился.

> И сказал Господь: «Вот народ один, и язык один у всех их, и такое стали делать. И теперь не воспрепятствуется им все, что замыслили, делать?
>
> Давайте низойдем и смешаем там их язык, так, что они не поймут (более) один речь другого».
>
> И рассеял Господь их оттуда по всей земле, и перестали они строить город.
>
> Потому нарек ему имя Бавел, ибо там смешал Господь язык всей земли, и оттуда рассеял их Господь по всей земле.
>
> *Тора. Берешит. Ноах, 11:6–9*

Что это? Аллегория или история? На это счет есть разные мнения. Эти же события иногда объясняют и с привлечением научной методологии. Например, так.

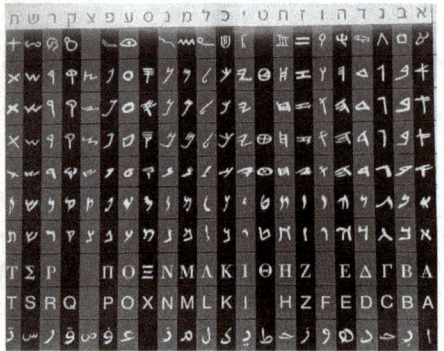

Люди уже тогда говорили на разных языках и наречиях. Однако общению это не мешало, поскольку они понимали друг друга с помощью графических символов, которыми пользовались в письме.

Кризис грянул тогда, когда в обиход вошел фонетический алфавит.

> С переходом от смыслового наполнения символов к их фонетическому наполнению письменность каждого народа начинает изменяться вместе с самим языком…. То есть, тут же начинается быстрое размежевание и письменности разных народов! Люди перестают понимать друг друга! А, следовательно, становятся неспособными на совместные скоординированные действия!
>
> *Скляров А. «Вавилонская башня – рекордсмен долгостроя»*

И еще одно мнение из другого источника, созвучное этой версии.

> Революция, связанная с фонетической письменностью, ускорила развитие и распад древних племенных и закрытых обществ.
>
> *Мак-Люэн Маршал (1911–1980) – канадский философ, филолог, эколог.*

Кризис, который разразился тогда в Вавилонии, в каббале объясняется ростом желаний, или, другими словами, подъемом эгоизма. Природа или Творец (Элоким), в каббале эти два понятия равнозначны, целенаправленно инициирует такого рода процессы.

> Желание является универсальным движущим фактором, и если под этим углом зрения взглянуть на процесс культурного, научного и технологического развития человечества, то мы придем к заключению, что именно растущее желание порождало все идеи, изобретения и инновации.
>
> *Лайтман М., Ласло Э. «Вавилонская башня – последний ярус»*

В результате старые идеалы меняются на новые, происходят революции, бунты, кризисы и другие социальные неприятности. Кстати говоря, Нимрод – в переводе с иврита – «мы взбунтуемся».

Как бы там ни было, но перед правительством страны оставался вопрос: как удержать в руках разваливающуюся империю? Грандиозная стройка Вавилонской башни бесславно провалилась и надо было искать другой способ, чтобы преодолеть возникший кризис.

Нимрод выдвинул вполне логичную и достаточно просто воплощаемую в жизнь идею: нужно раздвинуть границы государства, то есть сделать то, что в будущем будет названо «расширением жизненного пространства». Попросту говоря, он решил расселить подальше друг от друга своих все еще верноподданных.

На первый взгляд, раздвинуть ставшие тесными человеческие границы – решение правильное. С другой стороны, понятно, что территории не бесконечны. Кроме того, эти территории уже кем-то, как правило, заняты. Таким образом, решение Нимрода не снимает проблему, а лишь на время ее отодвигает.

В то же самое время представитель идеологической элиты, Авраам, выдвинул другую, неожиданную для всех и прежде всего для Нимрода концепцию. Он предложил не отдалять граждан государства друг от друга, а наоборот, научить их жить сообща, не покидая своих мест. Методика объединения, предложенная Авраамом, базировалась на ключевой идее: «возлюби ближнего как самого себя». Эта идея Нимроду не понравилась…

Революционная идея собрала несколько десятков тысяч сторонников – представителей многочисленных племен, населявших империю. Они последовали за Авраамом и в дальнейшем стали называться еврейским народом.

Тайный Израиль — путешествие во времени с каббалистами

И когда народ собирался к нему и спрашивал, что означают его слова, он разъяснял каждому человеку в отдельности, в зависимости от его понятия, пока не возвращал на истинный путь. И, в конце концов, собрались к нему тысячи и десятки тысяч людей – они-то и есть «домочадцы Авраама».

Рамбам. «Мишне - Тора»

Рамбам (МАЙМОНИД) – Моше бен Маймон (1138–1204) – духовный предводитель поколения, каббалист, прославленный врач.

Итак, впервые в истории появился народ, в основе которого лежали не родственные связи, а идея, или, вернее сказать, идеология.

В результате конфликта с Нимродом Авраам и его последователи были вынуждены покинуть Вавилонию.

Путь Авраама

> Авраам разбил в Беэр Шеве прекрасный фруктовый сад. В собственном шатре он устроил четыре входа, которые все время держались открытыми, чтобы утомленный путник, куда бы он ни шел, всегда мог войти внутрь и отдохнуть после дороги, получив кров и обильное угощение... Его жена Сара тоже посвятила себя распространению истины на земле: она учила женщин.
>
> *Рабби Моше Вейсман. «Мидраш рассказывает. Берешит»*

Этот народ называли и называют по-разному: «ивриим», «Исраэль», «йеудим» – и это не случайно.

У слова «иври» (עברי) есть однокоренные слова: ми-эвер (מעבר) – «по ту сторону», овер (עובר) – «он переходит», маавар – (מעבר) – переход. Авраам как бы перешел из одной реальности в другую.

Название «Израиль», «Исраэль» (ישראל) происходит от слов «яшар» (ישר) и «эль» (אל), что в переводе означает «прямо к Творцу».

Название «иудей» (йеуди – יהודי) происходит от слова «единство» (йехуд – יחוד) : человек достигает единения с Высшей Силой.

Не исторические условия меняют общество – люди, развиваясь, меняют историю. Как ни удивительно это звучит, люди меняют не только историю настоящего и, соответственно, будущего, но и...

прошлого. Конечная задача – привести весь мир к исправленному состоянию. Мог ли это сделать Авраам? Сразу, в ту же минуту – нет, вместе с этим подготовить человечество он сумел. Как он это сделал? Он распространил идею единства по всему миру.

> А сыновьям наложниц, которые у Авраама, дал Авраам подарки и еще при жизни своей отослал их от Ицхака, сына своего, на восток, на землю восточную.

Тора. Берешит. Хаей Сара, 25:6

Вавилон

В дальнейшем этот процесс не остановился. Идеи Авраама продолжали распространяться вместе с созданным им народом.

Как известно, еврейский народ неоднократно депортировался со своей земли. И как по мановению волшебной палочки, идеи объединения, в виде основополагающих принципов новых учений, начали последовательно захватывать территорию Земли.

> Религиоведы давно обратили внимание на многочисленные странные совпадения каббалистических идей и некоторых идей в буддизме, учениях орфиков, пифагорейцев, Платона и неоплатоников, гностиков и герметиков.
>
> *Хачатурян В., Лайтман М. «Судьбы человечества»*

Индия Китай

В книге Зоар по этому поводу сказано следующее:

> И были на Востоке мудрые люди, и унаследовали эту мудрость у Авраама, передавшего её сыновьям наложниц. Как сказано: «А сыновьям наложниц своих передал Авраам подарки». А потом затянула их эта мудрость в разные стороны.

Небезынтересно сопоставить некоторые даты и высказывания отцов-основателей учений.

- **Разрушение Первого Храма:** 586 год до н. э.
- **Рождение Будды:** 563 год до н. э.
- **Рождение Конфуция:** 551 год до н. э.

Моше: «Возлюби ближнего как самого себя».
Будда: «Кто сам не делает зла, не подвержен злу».
Конфуций: «Чего не желаешь себе, того не делай людям».

Придет время, и человечество поймет, какое влияние Авраам оказал на мир, и чем раньше это произойдет, тем лучше. Возможно, тогда его открытия, наконец, начнут по-настоящему воплощаться в жизнь.

> Работая в совершенстве и большой любви, Авраам дал нам духовный корень, чтобы мы тоже могли идти его путем и с любовью служить Творцу. Сказано об этом: «семя Авраама, возлюбившего Меня». Смысл в том, что эту любовь Авраам посеял для всех людей.

Элимелех из Лежайска (1717–1787) – хасидский цаддик.

Вся история человечества – это поиски методов и форм объединения общества. Регулярная смена общественных формаций и правящих режимов тому яркое свидетельство.

Между тем методика идеального объединения существует уже около 3800 лет. Ее разработал и успешно применил на практике житель Вавилонии – Авраам.

Фильм смотреть здесь

СОДОМСКИЙ ГРЕХ

Мировоззрение жителей Содома и Гоморры живо и поныне. Каббала объясняет, в чем было их главное прегрешение.

Рассказ о Содоме и Гоморре переносит нас к событиям, которые происходили задолго до того, как народ Израиля поселился на Земле обетованной.

Пятикнижие повествует о том, что по указанию Всевышнего праотец еврейского народа Авраам покинул Месопотамию и поселился в Ханаане. Там он вместе со своим племянником Лотом занимался скотоводством. На определенном этапе между пастухами Авраама и Лота возник конфликт из-за пастбищ, поэтому Авраам предложил разделиться, и Лот поселился в городе Содом.

В наше время этот район представляет собой бесплодную пустошь с жарким климатом и скудными водными ресурсами. Однако во времена Лота Содом был цветущим и богатым городом.

Содомский грех

…Они считались самыми богатыми людьми в мире, так как почва в том краю славилась своим необычным плодородием, кроме того, когда содомит посылал слугу в огород выдернуть какой-нибудь овощ, то обычно находил под этим овощем золото…

Вейсман М. «Мидраш рассказывает»

Кроме богатства, этот край был известен своим распутством, а также изощренной жестокостью, особенно по отношению к чужакам. В Торе указано, что за эти прегрешения Всевышний решил уничтожить Содом и Гоморру и об этом Он через своих посланников сообщил Аврааму.

Авраам знал, что в обреченной местности проживает его племянник Лот, и попытался уговорить Всевышнего отменить приговор. Ему было обещано, что города эти будут помилованы, если в них найдутся хотя бы десять праведников. На поиски праведников под видом странников были отправлены два ангела.

Лот повстречался с ними вечером на улице, и пригласил их к себе в дом, где принял как почетных гостей. Жителям Содома стало об этом известно, и они потребовали у Лота, чтобы тот отдал странников им. Лот отказался и даже стал умолять разбушевавшуюся толпу не трогать гостей, а взять вместо них своих дочерей-девственниц.

Однако содомиты отказались и принялись выламывать двери. Ангелы ослепили взломщиков и объявили Лоту, что Бог решил уничтожить город. Лоту они предложили спасаться вместе с семьей бегством. Покидая город, никто не должен был оглядываться назад. Жена Лота ослушалась и посмотрела на погибающий город. В наказание она превратилась в соляной столб.

Примерно так, вкратце, звучит история о Содоме и Гоморре в библейском изложении.

Археологи и историки уже долгие годы ведут споры и занимаются раскопками, чтобы выяснить, насколько описанные события соответствуют действительности. Ученые полагают, что подобная катастрофа могла произойти в результате землетрясения или падения метеорита, сравнимого по мощности с Тунгусским.

Среди комментаторов Торы существуют разногласия другого рода. Спор идет относительно основной причины, из-за которой Творец разрушил города. Некоторые считают, что это произошло из-за сексуальных извращений, другие утверждают, что дело совсем в другом.

Потому, что ничего своего не давали несмотря на то, что у них ни в чем не было недостатка, а их страна была огромна. **Кроме того, они не хотели ничего брать у других.**

Википедия. «Содом и Гомора»

Человека, у которого есть все в изобилии, и он не хочет чем-то делиться, еще можно как-то понять, однако, когда такой человек не хочет ни у кого ничего брать несмотря на то, что он в этом нуждается, это вызывает по крайней мере удивление.

На самом деле в этом и кроется главное прегрешение содомитов. Дело в том, что объединение человечества заложено в программе природы, в то же время идеология Содома и Гоморры препятствует любым контактам между посторонними людьми и тем самым направлена против этой программы.

Природа = Творец. Численное значение этих слов на иврите одинаково.

Содомский грех

Содом иллюстрирует мировоззрение «мое – мое, твое – твое»: мы вежливы и аккуратны, но избегаем любых, не вызванных крайней необходимостью, контактов. За помощь ближнему следовало наказание.

Эта антиприродная идеология Содома поддерживалась юридическим кодексом. В свод содомских законов входили такие положения:

> 1. Любого чужеземца, обнаруженного в округе, разрешается грабить, а также издеваться над ним.
>
> 2. Обязанность содомского судьи – добиться того, чтобы всякий странник покидал страну без гроша в кармане.
>
> 3. Всякий, кого видели дающим хлеб нищему, предается смерти.
>
> 4. Со всякого, кто пригласит чужеземца на свадьбу, в наказание будет снята вся одежда.
>
> Вейсман М. «Мидраш рассказывает»

Контакты с внешним миром обогащают: продукты, сырье, технологии... Вместе с этим, в страну могли проникнуть чужие идеалы,

поэтому законы Содома были особенно жестки по отношению к чужакам. Идеология разобщения нашла в Содоме свое крайнее выражение. Такая форма поведения полностью противоположна сказанному в Торе: «Возлюби ближнего как самого себя».

Говорится, что даже птицы облетали стороной эту негостеприимную местность.

> И (жители мира) искали обходные пути, лишь бы не попасть туда. Даже птицы небесные старались не залетать туда.
>
> *Книга Зоар*

Содом и Гоморра были уничтожены и даже стерты с лица земли, и давным-давно стали историей, но характерное для них мировоззрение продолжает жить в нашем мире. Оно очень «живучее». Сегодня Содом – это уже не один город, а угрожающая миру духовным разрушением целая культура. Вернее, антикультура.

Ученые часто сравнивают современный мир с паутиной или сетью. Наше благополучие и сама жизнь теперь зависят не только от нас самих и политики нашего государства, но и от того, что случается в далеких странах. Не существуют больше ограниченных региональных конфликтов. Не успев начаться, они перерастают в глобальные. Гуманитарная катастрофа для миллионов беженцев, оставивших свои дома, уменьшение энергетических и продовольственных поставок воюющими сторонами, втягивают мир в тяжелейший кризис.

Для того чтобы выжить в тесном взаимосвязанном мире, необходима очень высокая степень солидарности, согласованности действий и взаимной ответственности.

Когда-то шансом на спасение Содома и Гоморры могли стать десять праведников, которых искали ангелы Творца. И не нашли.

Найдутся ли сегодня десять праведников, которые станут примером для подражания и проводниками человечества? Этот вопрос должен задать себе каждый из нас. Ведь своим мировоззрением и поступками мы определяем будущее мира.

Фильм смотреть здесь

ПЕРЕХОД КРАСНОГО МОРЯ

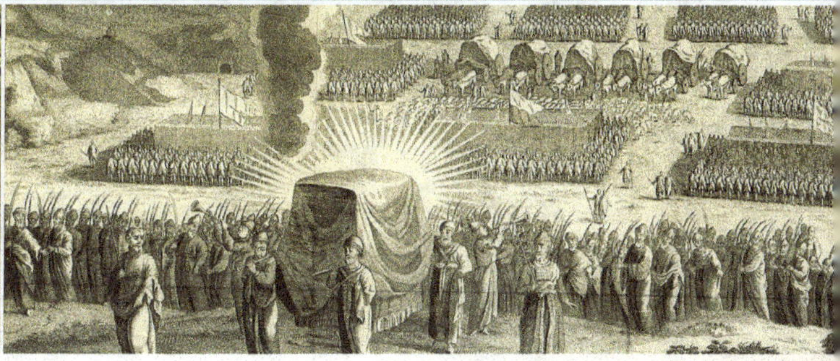

Египетское рабство, переход Красного моря, получение Торы, – эти события – не что иное как череда внутренних переживаний, которые проходит человек на пути духовного продвижения. Каббалистическая методика, которую начал реализовывать Авраам, была использована Моше в деле духовного становления еврейского народа. Результаты этой работы и нашли свое отражение в событиях, описанных в Торе.

История перехода евреев через Красное море известна многим, в том числе и далеким от истории и религии людям. В Торе рассказывается, что народ Израиля вышел из Египта и на седьмой день, спасаясь от преследования Фараона, перешел море, воды которого раздвинул Творец. Египтяне бросились в погоню, однако воды сомкнулись, и египетская армия погибла.

Эти события комментируются как религиозными, так и научными авторитетами на протяжении всей истории. Первые трактуют их как проявление Высшей воли, вторые пытаются подтвердить или опровергнуть их с точки зрения научного мировоззрения.

Каббалистов не интересуют ни те, ни другие комментарии, поскольку относятся к Торе и к описываемым там событиям в совершенно другом ключе.

Тяжело, почти невозможно очиститься от стигм и догм, которые наслоились на протяжении многих поколений. Вместе с этим, как говорят каббалисты, пришло время убрать «железную перегородку». Поэтому пусть сами каббалисты, без каких-либо комментариев, выскажут свое мнение относительно истинного предназначения Торы.

Переход Красного моря

> Горе тому человеку, который говорит, что Тора дана для того, чтобы просто рассказывать истории о событиях житейских, об Эсаве, Лаване и тому подобное. Ведь в таком случае даже в наше время мы можем написать Тору о свершающихся событиях, даже более привлекательных, чем те?
>
> Если Тора призвана рассказать о происходящем в мире, то взять даже правящих в мире, — случаются между ними вещи более примечательные.
>
> *Книга Зоар*

В Торе мы читаем, что народ Израиля в спешке покидает Египет, получив на это разрешение Фараона. Согласно каббале, Фараон — это эгоистические желания человека, а народ Израиля — его альтруистические желания, стремления к любви и отдаче. Антагонизм этих двух видов желаний порождает в человеке внутренний конфликт. Человек ощущает, что эгоизм душит его, что он буквально находится в рабстве у Фараона — своих эгоистических желаний. Эти противоречивые и одновременно очень острые ощущения вызывают огромное стремление освободиться от этого рабства.

…Моше пришел к народу Израиля и обратился к ступени «Фараон», которая находится в сердце каждого, то есть к эгоистическому желанию в сердце человека. И сказал, что не желает, чтобы ступень «Фараон» правила над ступенью «Исраэль», но чтобы дала возможность работать ради Творца, а не ради тела. Когда находящийся в народе Фараон услышал слова Моше, чтобы работали на Творца, осознал тогда народ, что такое отдача без получения, и сейчас же иссякли их силы от работы. Это потому, что тело сопротивляется изо всех сил, только бы не выполнять никакой духовной работы.

Рабаш

Рабаш. Барух Ашлаг (1907–1991) – известный каббалист, старший сын Бааль Сулама, автор книги «Ступени лестницы», впервые описывающей все этапы внутренней духовной работы человека.

Переход Красного моря

Вот о чем на самом деле рассказывает нам Тора.

Каждый человек в мире, в конечном итоге, должен почувствовать, что он в рабстве «фараона» — олицетворения самого большого эгоистического желания. Поэтому в мире непрерывно, в том или ином виде, раскрывается эгоизм и, одновременно с этим, проявляется желание оторваться от него как на уровне отдельного человека, так и на уровне общества.

В тот момент, когда мы полностью будем солидарны с «Моше», мы сможем объединиться подобно народу Израиля, и «фараон» будет вынужден нас отпустить.

«Моше» происходит от глагола «лимшот» – вытягивать, вытаскивать.

После этого приходит особое состояние – «Ям Суф» – Красное море (ивр. конечное море). Это последний рубеж материального, эгоистического мира — махсом (ивр. заграждение), условная линия, за которой начинается духовный мир, где царит настоящая свобода, не зависящая от места, времени и расстояния.

Народ Израиля, не зная, что делать, стоит на берегу. И тут, читаем мы в Торе, в воду прыгает Нахшон. Имя Нахшон происходит от ивритских слов «нахаш» – «змея» и «нехишут» – решимость. Именно Нахшон проявляет инициативу и ведет за собой весь народ.

Так Тора сообщает нам, что есть в нас такое свойство, которое способно повести за собой, поднявшись выше всех эгоистических расчетов и логических доводов: лучше смерть, чем жизнь в эгоизме. Ощутив в себе это свойство, человек словно бросается в море – будь что будет, но жить так больше нельзя!

Дальше говорится, что народ устремляется вслед за Нахшоном. Кажется, что спасения нет, и в этот момент Моше поднимает свой жезл – и море расступается, оголив песчаное дно. Народ Израиля невредимым пересекает море по дну, а на египтян, которые попытались их догнать, обрушились волны сомкнувшегося моря.

Это грандиозное событие объясняется таким образом. Рассечение моря на две половины символизирует разделение альтруистических и эгоистических желаний в человеке. Альтруистическими он начинает пользоваться, а эгоистические отсекает от себя, и они «погибают в водах».

Достичь этого состояния непросто. Море расступается только для тех, кто действительно решает сбежать, вырваться из Египта – оторваться от себялюбия, отключиться от любой личной, эгоистической заинтересованности. Тогда человек проходит переломную точку и уже не возвращается в свои прежние, эгоистические желания.

В эгоистичном мышлении этот выход из себя «наружу» кажется абсолютно иррациональным. И на самом деле, это верно. Духовный мир, в который выходит человек, оторвавшись от своего эгоизма, невозможно постичь с помощью привычных жизненных установок. Это абсолютно новая реальность, другое измерение, у которого нет ничего общего с этим миром. Такой разрыв и противоположность невозможно себе представить заранее.

У нас нет никакого примера, который позволил бы хоть как-то, в прямом или косвенном виде, понять, почувствовать или хотя бы представить себе что-то из духовной жизни. Этот переход из одного мира в другой, который человек совершает, не зная, куда он идет и что его ожидает. Он лишь не согласен оставаться в своем прежнем эгоистическом состоянии. Тогда у него появляется новый взгляд на жизнь, совершенно иное отношение к миру – целостное, объемное, интегральное.

Ему раскрывается взаимосвязь между всеми частями творения: цветком и морем, животным и горами, человеком и погодой, солнцем и луной – абсолютно между всем. Он обнаруживает, что все эти элементы существуют во взаимной гармонии, и приводятся в действие одной силой. Видит, как они связаны между собой, как каждый из них пробуждает к жизни всех и зависит от всех. Раскрытие этой взаимосвязи – самое большое из существующих наслаждений. Об этом говорится в Вавилонском Талмуде: «И увидел я обратный мир».

Исход из Египта – лишь один из этапов духовного развития человека. Научившись расшифровывать описания этих этапов в Торе, мы получим «дорожную карту». Следуя по ней, мы придем к необычайному духовному подъему, который кардинально и навсегда изменит все человечество.

Удачи всем нам на этом пути!

ТАЙНА ВЕЧНОЙ КНИГИ

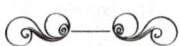

Творец предлагал Тору всем народам и на всех языках, но те не приняли ее...

Разве может Творец ходить с Торой в руке и вести переговоры с дикими народами? Это неслыханно и не принимается сердцем.

~ Бааль Сулам.
«Дарование Торы»

Как нет более известного города чем Иерусалим, так нет более известной книги в мире, чем Тора. Повествования Торы полностью или частично присутствуют в святых текстах всех авраамических религий. Невозможно измерить масштабы влияния Торы на культуру, этику и мораль нашей цивилизации. Независимо от отношения к самой Торе отголоски установленных в ней морально-этических законов, присутствуют в правовой системе всех государств. События, описанные в Торе, испокон веков являются источником вдохновения для авторов произведений художественной литературы, музыки, изобразительного искусства, театра и кино. Именами персонажей Торы называют миллионы младенцев по всей планете. Несмотря на такое безграничное влияние этой Книги на все человечество, авторство Торы является предметом многовековых споров.

Все это общеизвестно. Мы поговорим о том, о чем известно немногим, а также о том, о чем неизвестно широкой публике вовсе.

Тайна вечной книги

> А когда пожелал Создатель сотворить мир, он вглядывался в Тору, в каждое ее слово, и согласно ей вершил созидание в мире. Поскольку все элементы и все действия миров находятся в Торе, Творец смотрел в нее и создавал мир.
>
> *Книга Зоар*

Удивительно, не правда ли? Здесь говорится о том, что Тора была еще до создания мира, и даже более того, план Создания находится в самой Торе. Для того чтобы в этом разобраться, нам придется обратиться к каббалистам–авторам этой цитаты.

Прежде всего надо сказать, что Тора происходит от ивритского слова «Ораа» – инструкция, а еще от другого слова «Ор» – свет. Это уже само по себе в какой-то мере объясняет вышеприведенную цитату. Однако отложим на время эту тему и поговорим об обстоятельствах появления Торы.

Историческое описание тех дней выглядит очень драматично: 600 тысяч мужчин, двадцати лет от роду и старше, окружают сплошным кольцом одну из гор в Синайской пустыне. Затем каждый в отдельности громогласно объявляет о своем согласии исполнить некую работу, произнеся хорошо известное сегодня изречение: «Сделаем и услышим». И тогда произошло нечто, известное под названием «Дарование Торы». Случилось это через семь недель, а точнее, на

пятидесятый день после выхода народа Израиля из Египта. С тех пор это событие ежегодно отмечается в праздник Шавуот.

Тогда на Синае впервые была преодолена нелюбовь, а точнее, естественная ненависть между людьми. Неслучайно, кстати говоря, и название – Синай. В переводе с иврита слово «сина́» – ненависть.

Каббалисты объясняют, что вырваться из состояния ненависти и прийти к состоянию «как один человек с одним сердцем», возможно лишь при одном условии и оно называется – Поручительство (Арвут).

> И только после того, как весь народ согласился, и как один воскликнули: «Сделаем и услышим», – ведь тогда каждый из народа Израиля сделался ответственным за то, чтобы никто из народа ни в чем не нуждался, – только тогда стали они пригодны для получения Торы, и не раньше.
> Ведь это всеобщее поручительство освободило каждого от любых забот о потребностях своего тела, и для него стало возможным полностью выполнить заповедь «возлюби ближнего своего как самого себя» и отдать все, что имеешь, любому нуждающемуся, так как он больше не заботится о потребностях своего тела, поскольку знает и уверен в том, что шестьсот тысяч преданно любящих его находятся рядом, готовые все для него сделать в любую секунду.
>
> *Бааль Сулам. «Поручительство»*

Я должен поручиться за каждого, кого я сейчас ненавижу, поручиться с полной ответственностью, окончательно и бесповоротно. С этого момента все их потребности к воде, пище, и так далее. становятся мне важнее, чем собственные.

Условие абсолютно невыполнимое для человека. Хотя, если находиться в пустыне на краю гибели...

Все это произошло с еврейским народом после выхода из Египта. Каждый из них поручился за каждого. Напомним, что это сделали 600 тысяч человек одновременно.

Что произошло дальше? У них вдруг появилось ощущение внутренней неразрывной связи между собой. Откуда взялось это ощущение? А откуда берется сила в нашем органическом теле, дающая ему жизнь? Каким образом эта сила делает неживое – живым? Этого не знает никто. Даже нобелевские лауреаты по физике и биологии. Мы только знаем, что это возможно, однако лишь при гармоничной связи между органами.

В пустыне, благодаря методике Авраама-Моше, с людьми произошло именно такое объединение. С этого момента они поняли, что значит: «Возлюби ближнего как самого себя». Все. От мала до велика...

Что было потом? Потом появились новые, неведомые доселе потребности, и достигнутое тогда состояние исчезло. Народ вновь сумел принять поручительство, потом вновь стал как все народы. Так продолжалось до Первого Храма. А потом отношения испортились окончательно и, как следствие, Храм был разрушен...

Однако самое интересное, а возможно, и самое главное – в том, что те давние события можно трактовать не только относительно народа, но также и относительно каждого человека в отдельности и всего мира в целом.

Тайный Израиль — путешествие во времени с каббалистами

Почему дана Тора только народу Израиля, а не всему миру, в равной степени? Нет ли здесь национальной избранности?
И понятно, что только душевнобольной может так думать.

Бааль Сулам. «Дарование Торы»

Пришло время вернуться к упомянутым выше понятиям Ор (свет) и Ораа (инструкция), которые имеют отношение к слову Тора. Прежде всего, возникает вопрос, почему она написана таким образом, что в ней очень трудно увидеть инструкцию и тем более свет?

Известно из книг каббалы, что тайна имени Творца заключена в имени АВАЯ, которое включает в себя все имена Творца на всех ступенях. И потому «Творец, свет Его и Исраэль едины.

Бааль Сулам. Предисловие к книге «Уста мудреца»

Тора состоит из двух частей. Внешняя часть – это известные всем религиозные предписания, и внутренняя часть – каббала. Речь идет о скрытой от непосвященного читателя программе управления мирозданием. Вообще, все книги ТАНАХа: Тора (Пятикнижие), Невиим (Пророки), Ктувим (Писания) – это каббала, скрывающаяся за историческими повествованиями. Кроме этого, существуют книги, написанные каббалистическим языком. В них используется особая, ни на что не похожая терминология. Например, на этом языке Авраам написал свою книгу «Сефер Ецира» (Книга Создания).

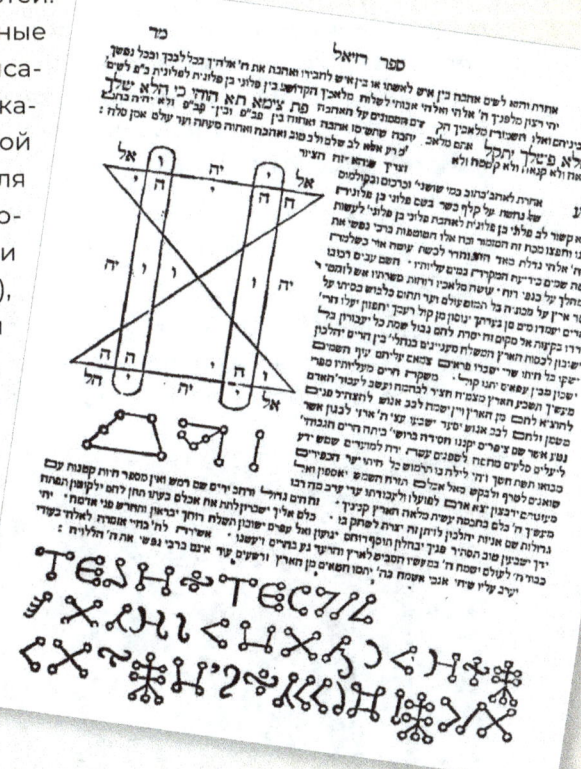

Четыре языка, используемые в науке каббала, это:

1. язык Библии;

2. язык Предписаний, который очень близок языку ТАНАХа;

3. язык Сказаний;

4. язык Каббалы.

О том, что ТАНАХ несет в себе каббалистический посыл, было достаточно хорошо известно в средние века не только каббалистам.

> Дословный смысл ТАНАХа подчиняется условиям времени и пространства. Аллегорический и каббалистический смысл остается на века, без временных и пространственных ограничений.
>
> *Паулюс Рициус (1470–1541) – доктор медицины и профессор философии.*

Если задуматься, то можно прийти к выводу, что главное не то, что написано в Торе и даже не то, кем и как это сделано. Современный человек, как и все человечество в целом, нуждается не в знании и даже не в понимании того, что написано в книгах ТАНАХа или каббалы. Людям нужен ответ на главный вопрос – как жить дальше.

На глазах всего лишь одного поколения привычные нам очертания стабильности и предсказуемости нашего мира окончательно исчезли.

Пандемия COVID-19 и вооруженные столкновения, казавшиеся ранее невозможными, показали нам, что нет ничего, за что можно было бы поручиться. Вместе с тем уже очень много людей в

мире понимают, что все те беды, которые мы сейчас переживаем, указывают лишь на одну проблему. Это наши взаимоотношения между собой. Любые проблемы – как новые, так и старые и даже те, которые как будто связанны с природными катаклизмами, – можно предотвратить или решить в том случае, если главной ценностью людей станет не счет в банке, а любовь к ближнему. Главное правило, на котором стоит вся Тора, «возлюби ближнего как самого себя», – только оно может исправить то, что мы с таким старанием разрушаем.

> *Заповедь «возлюби ближнего как самого себя», которая является сутью всей Торы – так что все остальные заповеди лишь разъясняют и толкуют ее – невозможна для исполнения одним человеком, а только при предварительном согласии всего народа.*
>
> *Бааль Сулам. «Поручительство»*

Что касается каббалы, то здесь все просто. Это не заклинания, не красные нитки и не прочая мистика, это методика (инструкция), которая предназначена лишь для того, чтобы главное правило Торы воплотить в нашу повседневную жизнь.

Фильм смотреть здесь

ИЕРУСАЛИМ — СЕРДЦЕ МИРА

Нет в мире более известного города, чем Иерусалим. Этот город считается святым для трех мировых религий. Миллионы паломников со всего мира каждый год посещают святые места города.

Этот город стал еврейским более 3000 лет назад. Впоследствии, в течение двух тысяч лет, Иерусалим не принадлежал евреям, хотя все это время они в нем оставались. Город был провозглашен столицей возрожденной еврейской страны 5 декабря 1949 г., однако ООН этот статус не признает до сих пор. Несмотря на это, США официально признал Иерусалим столицей Израиля 6 декабря 2017 г.

В отличие от большинства древних городов, об Иерусалиме известно очень много и очень давно. Этот город упоминается во множестве древних источников разных народов. Весь мир признает особую роль Иерусалима, вместе с тем, объяснить, в чем она заключается, на самом деле, не могут.

В этом очерке вы узнаете об Иерусалиме то, что до недавнего времени было известно только каббалистам: о духовных корнях города, о том, что происходит сегодня и что нас ждет в будущем.

Царь Давид завоевал город Йевус, ставший впоследствии Иерусалимом, в 10 в. до н. э.

Царь Давид известен не только как мудрый правитель и отважный воин. Еще больше он знаменит как духовный лидер народа, и даже, как поэт и музыкант. Ему принадлежит авторство всемирно известных Псалмов (Теилим).

На смену Давиду пришел его сын, царь Шломо. Во время его правления был построен Первый Храм.

Иерусалим – сердце мира

В мире он известен под именем Соломон и автор книг «Экклизиаст», «Книга Притчей Соломоновых» и известнейшего поэтического произведения «Песнь песней». Не многим известно, что в действительности кроется за высоким слогом и возвышенной поэтикой.

> …над всеми – «Песнь песней», которая полностью написана языком каббалы.
>
> *Бааль Сулам. «Наука каббала и ее суть»*

Иерусалимский храм оставил в народной памяти и в памяти окружающих народов нечто более значительное чем культовые жертвоприношения и обычаи богослужения.

Народ Авраама все свою историю находится в непрерывной внутренней борьбе между стремлением к единству и центробежной силой всевозрастающего эго. Даже беглый взгляд на исторические события наглядно иллюстрирует этот перманентный процесс. Мы видим, как во время нахождения в Земле Израиля внутренние раздоры в среде еврейского народа приводят к разделению страны на Израильское

Символы 12 колен.
Мозаика на полу древней синагоги.

и Иудейское царства. Непрекращающиеся распри, уже внутри Израильского царства, заканчиваются ассирийским вторжением, падением страны и угоном 10-ти из 12-ти колен еврейского народа. По сегодняшний день ничего не известно об их судьбе.

Эти несчастья ничему не научили. Внутренние противоречия внутри народа продолжались с удвоенной силой, что привело в конечном итоге к разрушению Первого Храма, построенного царем Шломо. Это произошло 9 ава (тиша бе-ав) в 586 г. до н. э. Храм разрушил Вавилонский царь Навуходоносор.

Через 70 лет после разрушения Первого Храма был построен Второй Храм. Еврейский народ получил новую возможность прийти к народному единению.

Храм простоял до 70 г. н. э. Он также, как и Первый Храм, был разрушен 9-го ава.

События, предшествующие разрушению Второго Храма., очень подробно описаны в книге «Иудейские войны», захваченным в плен римлянами политиком и военачальником Иудеи, Иосифом Флавием.

Вражда многочисленных партий и течений привела к захвату страны римлянами, к разрушению Храма и изгнанию народа.

Сегодняшний Иерусалим считается святым для главных мировых религий. Иудаизм, Христианство и Ислам называются авраамическими религиями потому, что они базируются на учении Авраама.

Ни для кого не секрет, что религия держится на слепой вере. В каббале слово «вера» несет в себе совершенно другой смысл. Вера – это ощущение Высшей силы. Авраам в свое время открыл, что к этому ощущению можно прийти только следуя правилу «возлюби ближнего как самого себя». Те, мягко говоря, противоречия, которые мы видим, как внутри каждой веры, так и между ними, никак не способствуют этому правилу.

Иерусалим – сердце мира

Религии не случайно появились после каббалы. Религия призвана дать человеку какой-то образ высшей силы в условиях, когда он ее не ощущает и не понимает. Это помогает человеку изучить свою природу.

Однако:

> Религиозные нормы всех народов прежде всего должны обязывать к отдаче ближнему в форме «возлюби ближнего как самого себя», чтобы жизнь товарища предваряла собственную жизнь, и не мог получать от общества больше, чем товарищ, который не преуспевает.
>
> И такая всеобщая религия предназначена для всех народов, которые войдут в рамки альтруистического общества. За исключением этого, каждый народ может следовать своим традициям и религиозным предписаниям; и не может один народ вмешиваться в дела другого.
>
> *Бааль Сулам. «Последнее поколение»*

Иерусалим – это духовное понятие, означающее альтруистическую связь с ближним. Это не имеет никакого отношения к обывательскому пониманию слова «альтруизм». Все «духовные определения» указывают на разные степени этой особой связи, то есть на выход из своего эгоизма и включение в окружающих. Жизнь в любви к ближнему называется духовным миром человека.

В книге великого каббалиста Ари «Древо жизни» написано, что вся земля разделяется на области, согласно действующим на них особым духовным силам: Иерусалим, земля Израиля, Ливан, Сирия, Иордания, Вавилон и все остальные страны мира.

Это относится лишь к духовным корням, а в материальных объектах таких сил нет. Однако люди, живущие в этом мире, эмоционально воздействуют друг на друга и потому приписывают камням, воздуху, географическому месту особую святость.

«Иерусалимский синдром» – известное психическое расстройство, по сути, результат такого «возвышенного» отношения к реаль-

ности. Каждый год, во время пребывания в Иерусалиме около 100 человек «заражаются» этой болезнью.

Но одно дело – приписывать святость камням, а другое дело – построить Иерусалим в своем сердце. Иерусалим означает «совершенный город» – это свойства, в которых человек раскрывает Творца.

Иерусалимские «врата» – не проемы в стенах, а свойства единения и отдачи, пропускающие внутрь того, кто внутренне соответствует им. «Храм» – не культовый комплекс для отправления обрядов, а

место концентрации духовных сил, позволяющих удерживать связь между нами, несмотря на все конфликты и разногласия.

Иерушалаим – значит «цельный город» (ир шлема).

Слово «Иерусалим» также означает «Йирá шлемá» («Великий трепет»). Речь идет о переживании за судьбу народа, за его единство, за его духовную свободу, от которой зависит свобода государственная.

Отстроить Иерусалим – значит отстроить самих себя. Отстроить в соответствии с силой Природы, управляющей нами через систему «Иерушалаим».

Нужно понять, что только поднявшись над эгоистическим, материальным восприятием, мы сможем достичь ощущения, которое будет исходить от духовных корней, называющихся Иерусалим, Храмовая гора, Храм, Исраэль, народы мира.

АРМАГЕДДОН — ВОЙНА ГОГА И МАГОГА

Пророчества древних источников всегда привлекательны и неоднозначны. Война Гога и Магога, о которой говорят все авраамические религии, предсказана давным-давно и выделяется своими особыми апокалиптическими мотивами.
Если это пророчество сбудется, то эта война станет судьбоносным событием для всего человечества. Это практически означает конец света, Судный день.

Откуда взялись эти Гог и Магог? Почему они столь всемогущи, что способны привести к всемирной катастрофе? Можно ли им противостоять, или совсем предотвратить их приход? И как все это связано с названием Армагеддон?

Гог и Магог упоминаются в пророчествах ТАНАХа. В книге пророка Йехезкеля говорится о войне, которая произойдет в конце времен, перед приходом Машиаха.

Сын человеческий!
Обрати лицо твое к Гогу в земле Магог...

Пророк Йехезкель, 38:2

Пророчество гласит, что Гог из страны Магог придет в землю Израиля во главе огромного войска, состоящего из многих народов, чтобы захватить Иерусалим, но кончится это так:

> И буду судиться с ним мором и кровью, и ливень проливной, и град камней, огонь и серу пролью на него и на отряды его, и на народы многие, которые с ним. И Я возвеличусь, и освящусь, и появлюсь пред глазами народов многих, и узнают, что Я – Г-сподь.
>
> *Пророк Йехезкель, 38:22-23*

В Книге «Зоар» говорится, что в войне Гога и Магога примут участие все цари, преследовавшие иудеев на протяжении истории.

> В будущем отомстит Творец всем царям, разрушавшим Иерушалаим, таким как Андрианус, Лопинус, Навуходоносор, Санхерив и прочим. Даст Он им вначале власть и соберет их с народами их пойти на Иерушалаим. В будущем Творец накажет открыто армии их, окружившие Иерушалаим, эпидемией.
>
> Произойдет это во время Царя Машиаха и во время Гога и Магога. Затем наступит Высший мир, веселье во всех мирах.

Великий каббалист Ари пишет, что числовое значение слов «Гог и Магог» равно 70. Согласно каббале, всего в мире существует 70 разных народов. Поэтому 70 означает, что в этой войне будут участвовать все народы мира, а к главе коалиции войск эти имена возможно отношения не имеют.

В христианской традиции последняя война между силами тьмы и света называется «Армагеддон». Это слово происходит от ивритских слов «ар» («гора») и названия города «Мегидо».

Точное местонахождение этого места неизвестно, потому что в Торе нет названия «гора Мегиддо». Возможно, речь идет о горе Кармель, поскольку у подножия хребта Кармель упоминается город Мегидо.

Город Мегиддо расположен в Изреельской долине, где на протяжении более трех тысяч лет проходило множество сражений.

Историк и археолог Эрик Клайн отмечает, что многие из происходивших здесь битв были первыми или последними в своем роде.

Именно здесь произошла первая документально зафиксированная битва, известная человечеству, когда египетский фараон Тутмос III в XV веке до нашей эры разбил ханаанских царей. Здесь состоялась первая зафиксированная в литературе ночная вылазка, когда всего 300 евреев во главе с судьей Гедеоном одержали победу над огромным войском мадианитян. На расположенной рядом горе Гелвуй нашел свой конец царь Саул и его сын Ионафан, когда филистимляне разгромили израильское войско. На равнине Мегиддо был убит праведный царь Иосия после поражения в битве с войсками фараона Нехо II. Монгольские войска, захватившие большую часть Азии в XIII веке, свое первое поражение потерпели именно в этой долине.

Клайн пишет: «В течение столетий Мегиддо и долина Изреель служили центром военных действий, которые определяли ход истории», и предполагает, что с этим может быть связано указание

Иоанном Богословом Мегиддо как места финальной битвы добра и зла.

Когда же начнется война Гога и Магога? Идея противостояния света и тьмы не нова. Об этом прямым текстом сказано в Кумранских свитках, найденных в 50-х годах прошлого века на Мертвом море и датирующихся периодом с III века до н. э. по I век н. э. Также говорится, что война произойдет в последние дни перед приходом Машиаха, тогда, когда все евреи соберутся в земле Израиля.

На сегодняшний день больше половины еврейского народа уже живет в Израиле. Духовное падение народа, о котором говорят пророки, как о главном условие наступления судного дня – налицо. Срок окончания исправления человечества заканчивается в 6000 г. по еврейскому календарю, а сегодня, в конце 2022 г., мы живем уже в 5783 г. Таким образом до главного судьбоносного дня остается все меньше времени.

Во многих религиях говорится о том, что Бог будет судить всех людей и все прошлые поколения за их поступки. Последние дни существования мира, когда грешники будут осуждены, а праведники обретут вечное блаженство, – проходят общим нарративом через основные авраамические религии.

Однако прежде должен прийти Машиах – избавитель. Мертвые будут воскрешены, плохие получат по заслугам, а хорошие будут вознаграждены. Проблема только в том, что понимание добра и зла, хорошего и плохого у каждого разное.

Вообще, все, что касается апокалиптических идей и жизни после смерти, окутано ореолом тайны. Об этом мало написано даже у пророков. Поэтому человеческой фантазии есть место, где развернуться.

Очень трудно проанализировать и тем более понять, о чем все-таки идет речь. Обратимся за помощью к каббалистам.

Прежде напомним, что тексты первоисточников являются закодированной информацией.

> Тора, конечно, скрыла многое про сотворение мира, ограничившись намеками и притчами. Все ведь знают, что сотворение мира относится к тайнам Торы. А если все (что описано) происходило только так, как описано буквально, где же здесь тайна? Невозможно поведать людям из плоти и крови обо всей мощи творения, поэтому Писание ограничивается общими словами. «В начале сотворил Б-г…»
>
> *Рав Кук*

На самом деле война Гога и Магога – это **война человека со своим эгоизмом**, желанием получать удовольствие, используя других ради своей выгоды. Каббала объясняет, что Бог – это высшая альтруистическая сила Природы, которая ощущается людьми как абсолютная любовь и отдача ближнему.

Война Гога и Магога идет постоянно в наших сердцах. **Но может проявиться и в материи**, если мы не сумеем осознать все зло нашей эгоистической натуры на духовном уровне, то есть в мыслях и желаниях. Возможный расклад этих событий в материальном мире может стать длительным и болезненным.

Армагеддон – Война Гога и Магога

А посему Творец устроил так: дал людям технику, вплоть до того, что изобрели атомную и водородную бомбу. И если еще не ясно людям общее разрушение, которое они способны принести в мир, то дождутся Третьей или Четвертой Мировой войны. И тогда бомбы сделают свое дело, а для остатка, который выживет после разрушения, не будет иного совета как взять на себя эту работу – чтобы и индивидуум, и народ не работали на себя более, чем необходимо им для существования, а все остальные их дела были устремлены на пользу ближнего. Если все народы мира согласятся на это, тогда исчезнут в мире войны – ведь каждый человек будет печься вовсе не о собственной пользе, а о пользе ближнего.

Бааль Сулам

Каббалисты объясняют на протяжении столетий, что человек может и должен вмешаться в этот запрограммированный природой процесс. Активная работа по взаимному сближению между людьми на фоне всевозрастающей ненависти может ускорить исправление и свести к минимуму все негативные последствия.

Тогда и наступит «конец света», на иврите – «соф а-олам». Слово «олам» происходит от слова «алама» – скрытие. То есть речь идет

Тайный Израиль — путешествие во времени с каббалистами

не об уничтожении всего, а о конце скрытия, в котором мы сегодня находимся. Другими словами – раскрытие Творца творениям с воцарением альтруистической любви между людьми, которая и приведет все человечество к единству и миру.

Каббалисты полны оптимизма и уверены, что мы справимся.

Величайший каббалист, гаон из Вильно сказал, что война Гога и Магога может длиться всего девять секунд!

Элияху бен Шломо Залман (1720–1797). Известен как Ви́ленский гао́н, раввин, каббалист и общественный деятель, один из выдающихся духовных авторитетов ортодоксального еврейства, математик. Слово «гаон» (ивр. גאון) в переводе с иврита означает «величие, гордость» ; в современном иврите также «гений».

Фильм смотреть здесь

ХАНУКА — ЧУДО ПОБЕДЫ

Каков истинный смысл чуда Хануки? С кем на самом деле велась война? История восстания против эллинизации евреев полна трагизма и противоречий.

Каббалисты объясняют, что Ханука – это развитие человека до уровня Бины, первой духовной ступени, когда мы хотим прийти в нашем объединении выше эгоизма. Все объекты и атрибуты "ханукального чуда" имеют глубокий каббалистический смысл.

Тайный Израиль — путешествие во времени с каббалистами

История эллинизации началась после завоеваний Александра Македонского. Греки насаждали свою культуру, которая в то время казалась самой просвещенной и рациональной. Греки умело использовали достижения других народов, в том числе и каббалу, для развития и продвижения философии, из которой в дальнейшем развились многие науки. Наставником Александра Македонского был знаменитый философ Аристотель. Вот что говорит об Аристотеле каббалист Бааль Сулам:

 *Я имею в виду Аристотеля... который увидел в книгах мудрецов Израиля глубокую мудрость, основы которой заложены каббалистами. И он уподобил себя им, как «обезьяна человеку», пытаясь показать, что его уровень такой же, как у них.*

Бааль Сулам

Кроме того, известно, что философы охотно пользовалась для своих нужд каббалистическими источниками еще задолго до Аристотеля. Об этом пишет в книге «О каббалистическом искусстве» немецкий философ средневековья Иоганн Рейхлин:

Ханука – чудо победы

> Мой учитель Пифагор, отец философии, все-таки перенял свое учение не от греков, а, скорее, от иудеев. Поэтому он должен быть назван каббалистом. И он был первым, кто перевел слово «каббала», неизвестное его современникам, на греческий язык словом «философия».
>
> *Иоганн Рейхлин*

Пифаго́р Са́мосский (около 570–495 до н. э.) – древнегреческий философ, математик и мистик, создатель религиозно-философской школы пифагорейцев.

Как бы там ни было, но процесс эллинизации не обошел и Землю Израиля. Во II веке до н.э. в среде евреев произошло разделение на приверженцев греческой философии и религии и тех, кто остался верен концепции единого Творца. Многие семьи, включая первосвященников (Коэн а-Гадоль), эллинизировались. В борьбе за власть между еврейскими руководителями одна из сторон обратилась за помощью к Антиоху IV Епифану. Греки под его предводительством захватили Иерусалим в конце 170-го года до нашей эры, устроили резню, разграбили и осквернили Храм, который превратили в святилище Зевса.

> Антиох принуждал иудеев, вопреки их отечественным законам, оставлять детей необрезанными и приносить на алтарь в жертву свиней. Никто не повиновался этому приказу; знатнейшие были казнены.
>
> *Иосиф Флавий. «Иудейская война»*

Жестокие гонения и насильственная эллинизация населения привели к восстанию Маккавеев. Руководил вооруженной борьбой Матитьягу Хашмонай, бросивший клич: «Кто за Бога – за мной!».

Восстание закончилось победой Маккавеев. После освобождения Храма выяснилось, что ритуально чистого масла для зажигания свечей хватит лишь на один день. Чтобы приготовить новое масло нужна была целая неделя, и все же свечи зажгли. И тут произошло невероятное – свечи горели восемь дней. В честь этого удивительного события был учрежден праздник Ханука.

По сути, предыстория этого праздника начинается с Авраама – основателя еврейского народа. Именно он, еще задолго до Маккавеев, первым бросил клич: «Кто к Творцу – за мной!». Под этим девизом он собрал вокруг себя большую группу вавилонян, которых обучал своему подходу к мирозданию, к цели жизни и к высшему предназначению человека.

Из людей, решивших объединиться, чтобы раскрыть Высшую силу природы – Творца, и сформировался еврейский народ.

Маккавеи, подобно Аврааму объединили народ ради Высшей цели, и победили. Объединение людей ради раскрытия Творца проявляет самую могучую силу природы – альтруистическую силу отдачи и любви...

Почти все еврейские праздники связаны с теми или иными историческими событиями. Вспомним исход еврейского народа из Египта, и установленный в честь этого события праздник Песах. Подготовка к массовому уничтожению евреев в 6-м веке до н. э. в

Ханука – чудо победы

Персии, и чудесное спасение, которое еврейский народ празднует в праздник Пурим. В этом же ряду и праздник Ханука, который появился в результате борьбы еврейского народа против насильственной эллинизации во 2-м веке до н. э.

Возникает вопрос: почему праздники были установлены именно в честь этих, а не других исторических событий? На этот вопрос каббала дает такой ответ: каждый из этих праздников затрагивает определенный аспект процесса, который называется «духовная работа».

> Духовностью называется использование альтруистических желаний.
>
> *Рабаш. «Ханукальная свеча»*

Поразительно, но этот непростой процесс, прежде всего, связан со становлением народа как единой общности. Известное выражение «возлюби ближнего как самого себя» выражает суть такой общности.

Каждый элемент праздника несет в себе напоминание о тех внутренних переживаниях (внутренней борьбе), которые проходит как народ, так и каждый человек, когда идее единения противостоит идея разъединения.

Так, противостояние греков и евреев более двух тысяч лет тому назад расшифровывается, как противостояние различного рода желаний. Желанию к единению ради духовных ценностей (йехудим, от слова йехуд – единство) противостоят греки – эгоистические силы разобщения. Греция (Яван) в переводе с иврита: тина, грязь, топь.

> Понятие «власть греков» отражает положение, в котором греки не давали йехудим заниматься ничем, относящимся к этим альтруистическим желаниям, …чтобы народ Израиля погряз в своем эгоизме.
>
> *Рабаш. «Ханукальная свеча»*

Пробуждение человека к духовным ценностям начинается с точки в сердце, которая, как искра, разжигает внутреннюю борьбу против эгоистических желаний. Эта точка называется «Матитьягу»

В течение всех восьми дней праздника зажигают масляные светильники или свечи. Светильник состоит из фитиля и масла. Фитиль (птила) – от слов: порочный, превратный. Имеются в виду мысли. Масло символизирует источник света, наслаждение.

Для того чтобы получить наслаждение, которое символизирует свет светильника, необходимо и то, и другое – фитиль и масло.

Само название праздника – «Ханука» – несет особый смысл. Ханука состоит из слов: хану-ко. Хану – остановились, расположились. Ко – здесь. То есть речь идет о временной остановке на пути к духовному совершенству.

Кроме того, гематрия (численное значение) «ко» – 25. Это число обозначает дату праздника – 25-го кислева.

Восемь ветвей ханукии соответствуют восьми сфирот от Малхут, символизирующей желание получать – природу человека, и до Бины, символизирующей желание отдавать – свойство Творца.

 **Суть Хануки** – это еще не совершенство цели, а только исправление творения, исправление альтруистических желаний выполнением действия ради отдачи.

Рабаш. «Ханукальная свеча»

Ханука – чудо победы

Две оставшиеся ступени относятся к празднику Пурим, который символизирует Гмар Тикун (окончательное исправление).

Шамаш символизирует человека, который исправляет использование своих желаний ради себя на использование ради ближнего.

Шамаш – свеча, которая зажигается первой и используется для зажигания всех остальных.

Суфганийот и левивот (пончики и картофельные оладьи) – эти праздничные блюда жарятся в масле, в напоминание о масле, которое символизирует свойство отдачи.

События, в честь которых был учрежден праздник Ханука, не смогли бы совершиться, если бы не то особое объединение, которого смог достичь народ. На самом деле, что может быть важнее и актуальнее, чем единение? Особенно сегодня, когда рушатся экономические, социальные, семейные, культурные и другие виды связей. Когда народы, страны, все человечество раздирают противоречия. Когда идеологии, культуры, религии – целые цивилизации непрерывно конфликтуют между собой. Когда не только братские народы, но даже родные братья поднялись друг на друга – что может все это остановить? Ответ очевиден – объединение.

Ханукальное чудо – это когда в человеке раскрывается высшая сила. Это происходит, если мы захотим приподняться над эгоизмом в своем единстве. Человек вдруг обнаруживает, что окружающая действительность совершенна и всегда была такой, и только собственная эгоистическая природа не позволяла ему это ощутить.

Тайный Израиль — путешествие во времени с каббалистами

Главная проблема состоит в том, что все люди до единого должны участвовать в процессе объединения. Каждый из нас – это неповторимая и незаменимая часть общего. Нам трудно, а точнее, невозможно понять, как, каким образом может соединиться все человечество, однако это вытекает из общего строения и тенденций развития природы. В том или ином состоянии, рано или поздно, но каждый человек включится в этот вселенский процесс.

Не может быть двух мнений по поводу цели творения, ведь она едина для всех: для черных, белых и желтых, – без различия в происхождении, до самого нижнего уровня творения, которым является эгоистическая любовь, что владеет человечеством.

Бааль Сулам. «Поручительство»

Фильм смотреть здесь

КНИГА ЗОАР

Изучение Книги Зоар превыше любого другого учения, даже если не понимают, о чем читают, даже если ошибаются в ее чтении. Все же, это является великим исправлением души. Хотя и Тора включает в себя все имена Творца, все-таки они облачены в рассказы, а человек, их читающий, понимает эти рассказы согласно своему простому разуму. Однако, Книга Зоар явно содержит в себе сокровенные тайны, и читатель знает, что это тайные секреты Торы, а то, что они не понятны, ускоряет постижение и его глубину.

~ р. Хаим Йосеф Давид Азулай (рабби ХИДА)

Тайный Израиль — путешествие во времени с каббалистами

Книгу Зоар написал во II веке н. э. рабби Шимон бар Йохай (Рашби). Он был учеником рабби Акивы, автора известного предписания: «Возлюби ближнего как самого себя». Уровень его каббалистических постижений характеризует высказывание из «Мидраш Раба»:

> Рабби Акива постиг тайны Торы, которые не были открыты даже Моше.

Неудивительно, что у такого великого человека, как рабби Акива, был и великий ученик. Рашби занимает ведущее место среди всех мудрецов своего поколения: его имя упоминается более 350 раз в Мишне и более 2300 раз в Талмуде и в Мидраше. Он сумел изложить и систематизировать каббалистическую методику.

Вот, что пишет каббалист Й. Ашлаг о Рашби и его Книге Зоар:

> До Зоар Рашби не найдено ни одной книги с систематизированным изложением каббалы. Все предшествующие книги по каббале не могут называться разъяснениями науки и являются лишь простыми намеками. К тому же в них не соблюдают порядок причины и следствия, а потому таково и понимание сказанного в них.

Книгу Зоар всегда окутывал ореол тайны. Как известно, она долгое время была скрыта от человечества. Он (рабби Шимон) страшился, как бы не дошла эта тайна до тех, кто занимается идолопоклонством, ибо тогда станут поклоняться идолам.

С другой стороны, известно, что Рашби очень переживал, что вынужден скрывать каббалу. Об этом написано в самой Зоар.

> Рабби Шимон, заплакав, сказал:
> «Горе, если я скажу и если не скажу…»

По этой причине еще при написании Зоар были приняты особые меры предосторожности. Текст книги записывал ученик Рашби – рабби Аба. Он делал это таким образом, чтобы ее не могли понять непосвященные. После этого книга была спрятана в пещере, в окрестностях горы Мерон.

Раскрытие Книги Зоар произошло в XIII веке в Испании. Книга получила известность благодаря каббалисту, р. Моше бен Шем Тову де Леону.

С того времени и по сегодняшний день не утихают споры по поводу авторства этого эпохального творения. Среди множества версий, отрицающих авторство Шимона бар Йохая и приписывающих его разным каббалистам средневековья, главенствует мнение о принадлежности книги самому Моше де Леону.

В 20-м веке версию авторства Моше де Леона поддержали и развили в своих работах философ, историк религии и мистики, Гершом Шолем (1897 – 1982) и его ученик, Исая Тишби (1908 – 1992). Однако тогда же несостоятельность исследований этих авторов подробно показал в своей работе авторитетный знаток еврейских источников, лауреат «Премии Израиля» и дважды обладатель почетной награды «Приз рава Кука» в области древнееврейской литературы, р. Менахем Кашер (1895 – 1983).

Относительно авторства Моше де Леона р. Кашер отмечает: «Следовательно, он не только не сочинил Зоар, но даже не помнил, что в Книге Зоар написано.

В таком же ключе писал и Бааль Сулам.

> Каббалист, рав Моше де Леон, был последним, пользовавшимся этим языком, и с его помощью это раскрылось миру, но он не понял ни единого слова в этом языке. По тем книгам, в которых он приводит выдержки из Зоар, понятно, что совсем не понимает языка.
> Он комментировал, используя язык ТАНАХа, и очень затруднил понимание, хотя сам был каббалистом очень высокого уровня, как свидетельствует написанное им.
> И так продолжалось в течение поколений, когда все каббалисты посвящали все свои дни постижению языка Зоар, но не преуспели в этом, поскольку сильно нагрузили его языком ТАНАХа, и из-за этого книга эта была закрыта для них, как и для самого рава Моше де Леона.

Академические исследователи 21-го века уже не так категоричны в своих суждениях, как их предшественники, относительно авторства и времени происхождения Книги Зоар.

Профессор философии из Тель-Авивского университета, д-р Ронит Мероз, утверждает, что у Книги Зоар были десятки, если не сотни авторов, которые в течение веков вносили свои правки. По ее оценке, некоторые тексты Книги Зоар относятся к 11-му веку и ведут свое происхождение из земли Израиля...

Задолго до этого каббалист Бааль Сулам – автор 21 томного труда, включающего в себя комментарий к Книге Зоар и перевод всего текста с арамейского языка на иврит, – написал следующее:

> Однако не было запрещено дополнять Книгу Зоар, поскольку ей суждено было находиться в скрытии. Народу она была абсолютно недоступна, а только предводителям поколений за закрытыми дверьми... И каждый из предводителей поколений дополнял ее тем, чем считал нужным.

Общепризнанно, что Книга Зоар была и остается величайшим каббалистическим произведением в истории, вне всякой зависимости от того, кто был ее автором. В свою очередь, каббалисты не ставили и не ставят своей целью доказывать авторство Зоара. Они уже много веков пытаются донести нечто другое – важность и даже обязательность изучения этой великой книги.

Изучение Книги Зоар превыше любой другой учебы.

Зоар включал в себя каббалистические комментарии на все части ТАНАХа: Пятикнижие, Пророки и Писания. Нам досталась всего лишь маленькая часть – комментарий на Пятикнижие. Существует предание, что книга эта была столь велика в своем объеме, что, собрав ее вместе, можно было целиком нагрузить верблюда.

Вполне возможно, что в будущем мы найдем или каким-то образом раскроем остальные ее части. А пока, по прошествии примерно 2000 лет, все, что связано с Книгой Зоар, ждет своего исследователя: где спрятаны ее части, что с ними происходило – это все еще предстоит узнать и объяснить.

В 1953 году рав Йегуда Лейб Алеви Ашлаг закончил комментарий к Книге Зоар. Свой труд он назвал «Сулам» – «Лестница». Он содержит полный перевод Зоар с арамейского языка на иврит. Это научное современное толкование Зоар, изданное в 21 томах, предназначено для нашего поколения. За этот многотомный труд, незадолго до смерти в 1954 году, Бааль Сулам получает почетную премию, учрежденную в честь его друга, рава Кука.

И все-таки, в чем главная ценность этой великой книги?

Книга Зоар – это венец каббалы – методики объединения людей. С помощью этой книги идея «возлюби ближнего как самого себя» может и должна стать реальностью нашего времени.

Рабби Шимон и девять его учеников работали над Зоар в пещере «Идра раба» (Великое собрание) на севере Израиля, в нескольких километрах от горы Мерон.

Книга Зоар

Очень показательна обстановка, царившая внутри группы Шимона Бар Йохая во время написания Книги Зоар. Вот что они сами написали об этом:

> Как хорошо и приятно отдыхать братьям вместе. Они настоящие друзья, когда сидят вместе и не расходятся. Вначале кажется, что они ведут между собой войну и готовы убить друг друга. Однако потом они вновь возвращаются к братской любви.

Удивительно, не правда ли? На самом деле только так эту книгу и можно было написать. Подъемы и падения, всплески эмоций и равнодушие сопровождают любого человека, желающего изменить свою природу. Особенно это относится к тем, кто достиг таких высот, как авторы Зоар.

Книгу Зоар изучают сердцем, с помощью желания и чувства. Что это означает? В противоположность обычным формам обучения в нашем мире, основанным на умственной обработке информации, здесь нужно развить совершенно иной подход. Изучение Книги Зоар призвано пробудить в нас внутренние изменения, подготовить нас к восприятию скрытой реальности. Успех в ее изучении зависит только от степени нашего устремления к раскрытию и ощущению этой реальности. Здесь не нужны никакие предварительные знания,  способности или особая мудрость. Все, что требуется – это развить настоящее желание, распахнуть глаза и открыть свое сердце.

В Книге Зоар содержатся многие описания и понятия, знакомые нам по материальному миру, такие как море, горы, деревья, цветы, животные, люди, прогулки и путешествия. Важно понять, что все элементы, образы и события, упоминаемые в книге, повествуют не о внешнем мире, находящемся вокруг нас, а лишь о том, что происходит внутри нас.

Тайный Израиль — путешествие во времени с каббалистами

Зоар говорит вовсе не о материальных событиях…

При написании Книги Зоар ее авторам было ясно, что она предназначена не для их эпохи, а для будущих времен, когда человечество достигнет точки невозврата. Иными словами, когда лютая ненависть и непримиримый раскол вызовут тяжелейшие страдания, вплоть до мировых войн.

Однако обещано нам в Зоар, что в будущем, в конце дней, каббала окончательно будет раскрыта даже маленьким.

Бааль Сулам

С помощью Книги Зоар можно осознанно перепрограммировать себя. Это то, к чему толкает нас сама Природа или Творец, и это то, к чему мы, не желая того, идем. Мы можем ускорить этот процесс, если сами сознательно возьмемся за дело. У нас такие способности и возможности есть изначально.

Если кооперирование нескольких миллиардов клеток в мозгу может породить нашу способность сознания, то можно предположить, что кооперирование всего человечества приведет к такому уровню объединения, который, согласно Книге Зоар, определяется как раскрытие Творца. Эта сила проявится между людьми, и каждый из нас почувствует Его. В этом заключается цель нашего творения, об этом и писал Рашби в своей Книге.

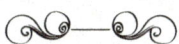

Я И ТВОРЕЦ

―※―

Современная наука начинает исследование материи с так называемого Большого взрыва. Что было до этого, академическая наука не рассматривает. Наука каббала начинает свои исследования гораздо раньше этого события.

В этом заключается одно из коренных отличий науки каббала от науки академической.

Вот, что говорит Ари:

> Знай, что прежде, чем были созданы создания и сотворены творения, простой высший свет наполнял всю реальность. И не было никакого свободного места в виде пустого воздуха и пространства, а все было заполнено бесконечным простым светом, и не было в нем ни начала, ни конца, а все было единым, простым, полностью однородным светом, и он называется светом бесконечности.

В чем отличие ученого, представляющего классическую науку, от каббалиста? Физик, химик или биолог использует для своих опытов приборы, различные методы и приспособления для того, чтобы те явления, которые он исследует, смогли в конечном итоге быть восприняты его органами чувств. Каббалист для своих исследований приборы не использует. Он изменяет чувствительность своего восприятия в соответствии с исследуемым явлением. Только таким образом можно проникнуть туда, откуда был запущен процесс, который мы называем «Большой взрыв».

Войдя туда, каббалисты сделали удивительное открытие. Оказывается, Творение, то есть то единственное, что создано, не что иное, как… «желание получить». Насколько это просто звучит, настолько это не укладывается в сознании.

> Весь материал, относящийся к творению,
> – это желание получить.
>
> *Бааль Сулам*

Человек и человечество, в целом, не привыкли слушать и слышать простые истины. Мы уверены, что истина – это то, что сложно и запутанно. Простота кажется ложью, а путаница правдой. Разве желание, то есть то, что есть у каждого, может быть материей?

***

Допустим, что Творение – это желание получить. Однако, если есть Творение, логично предположить, что существует и Творец. И вот здесь начинается самое интересное. Оказывается, Творец – постараемся не удивляться – тоже желание, но противоположное Творению. Творец – это «желание отдавать».

> Творец – это сплошная отдача
> без всякой искры желания получить.
>
> *Бааль Сулам*

Нам мешают понять эти простые истины те многочисленные и разнообразные аксиомы, которыми нас пичкают с детства. А главное – беготня в поисках ответов на вопрос «как?» полностью перекрыла нам вопросы «почему?» и «зачем?».

Как накачать мышцы? Как заработать миллион? Как устроена Вселенная? Все эти нужные и актуальные вопросы мы задаем и ищем на них ответы. А куда подевались вопросы «зачем?» и «почему?», которые мы задавали в детстве?

Вопросов «почему?» и «зачем?» мы избегаем не случайно ▯ потому, что в конечном итоге они упираются лишь в один вопрос, на который у нас нет ответа: «В чем смысл нашей жизни?».

> *Если только обратим внимание на всем известный вопрос, уверен я, что все остальные вопросы и сомнения исчезнут с горизонта, и, посмотришь по сторонам, а их и нет. Речь идет о гнетущем вопросе, задаваемом каждым родившимся на земле: «В чем смысл нашей жизни?».*
>
> *Бааль Сулам*

Какое отношение имеет вопрос о смысле жизни к Творцу и Творению? Начнем с того, что смысл жизни связан с целью творения. Вопрос только – в чем заключается эта цель? Бааль Сулам пишет:

> *Творец создал мир, чтобы насладить создания.*

Из этого определения вытекает простая мысль – Творение создано наслаждаться. С этим трудно не согласиться. Наслаждаться мы хотим и при всяком удобном случае наслаждаемся. С другой стороны, мы знаем, что наслаждения проходят очень быстро, а цена, которую мы платим за эти наслаждения, как правило, непомерно высока. Очевидно, что в этой формулировке скрывается какой-то подвох или чего-то не хватает.

Мы действительно рождены, чтобы наслаждаться. Но при одном условии. Наслаждаться мы должны не от зеленых банкнот и даже не от познания тайн Вселенной. Мы рождены, чтобы получать наслаждение от хозяина всего вышеперечисленного. То есть от Творца.

> Как только Творец задумал дать наслаждение творениям, тотчас же отчеканилось в природе творений, чтобы захотели они получать это наслаждение, другими словами, появилось в творениях огромное желание получать наслаждение Творца.
>
> *Бааль Сулам*

Осталось выяснить главное – что представляет собой наслаждение Творца.

> Таким образом, наслаждение – это не что иное, как подобие свойств их Создателю.
>
> *Бааль Сулам*

Ответ кажется простым и, одновременно с этим, непонятным, поскольку тянет за собой много уточняющих вопросов. Прежде всего, что значит «подобие свойств с Творцом»?

Каббалисты говорят, что Творец, в отличие от Творения, – отдающий. Как же Творение, которое изначально создано получающим, может уподобиться дающему? Классический пример, который используют каббалисты, – это взаимоотношения, возникающие между гостем и хозяином.

> Допустим, человек попадает в дом к своему товарищу, и тот предлагает ему пообедать. Естественно, что гость, как бы он ни был голоден, откажется от еды, потому что ему неприятно ощущать себя получателем, который ничего не дает взамен. Хозяин, однако, начинает его уговаривать, убеждая, что тем, что он съест его еду, он доставит ему большое удовольствие. Когда гость почувствует, что это действительно так, он согласится съесть предложенную еду, потому что больше не будет чувствовать себя получателем. Более того, теперь гость чувствует, что он дает хозяину, доставляя ему удовольствие тем, что соглашается поесть.
>
> Получается, что несмотря на то, что гость был голоден, а именно голод – истинный сосуд получения еды, тем не менее, из-за своего стыда он не смог даже отведать яств, до тех пор, пока хозяин его не уговорил. Итак, мы видим, как появляется новый сосуд получения еды. Сила убеждения со стороны хозяина и сила сопротивления со стороны гостя, нарастая, в конце концов, превращают получение в отдачу. Факт получения остался, все, что изменилось, – это только намерение.
>
> Именно сила отталкивания, а не чувство голода, которое является настоящим сосудом получения, стала основой для получения угощения.
>
> *Бааль Сулам*

Итак, секрет правильного получения заключается в правильном намерении. Правильное намерение во время получения – этим

Я и Творец

Творение может уподобиться Творцу и, таким образом, сделать возможным получение бесконечного наслаждения.

Чтобы окончательно избавиться от расхожих обывательских мнений относительно Творца, еще раз напомним, что под понятием «Творец» каббалисты подразумевают не что иное как общую природу мироздания.

Природа = Творец.
Численное значение этих слов на иврите одинаково.

Сегодня многие ученые приходят к мнению, что за физическими законами ощущается управляющая ими мысль. Практически это означает приближение к пределу наших возможностей постижения в этом мире. В пространстве, которое каббалисты называют Высший мир, возможно лишь чувственное познание.

Высший или Духовный мир можно охарактеризовать как сопоставление несопоставимых объектов и явлений. Между противоположными, остро направленными состояниями возникает абсолютно новое пространство, в котором и открывается Высший мир. В Высшем мире проявляется гармония там, где на уровне нашего мира находятся вещи, взаимно отрицающие и даже взаимоисключающие друг друга. В каббалистических источниках говорится, что все наслаждения, полученные всеми людьми за всю историю, даже близко невозможно сопоставить с одним граммом наслаждения Высшего мира.

Тайный Израиль — путешествие во времени с каббалистами

В материальном мире два противоположных состояния вводят человека в состояние отчаяния, потому что он не находит объяснение происходящему. В духовном мире – **все** наоборот.

Чтобы получить (Каббала – на ивр. «получение».) разрешение на вход в Духовный мир для раскрытия Высшей силы, нам необходима особая методика, которая так и называется – наука каббала.

> Наука каббала – не что иное, как причинно-следственный порядок корней, нисходящих по постоянным и абсолютным законам, соединяющихся и направленных в одну высочайшую цель под названием «раскрытие Высшей силы (Творца) созданиям этого мира».
>
> *Бааль Сулам. «Суть науки каббала»*

Иными словами, каббала помогает раскрыть человеку Творца, то есть открыть путь к наслаждению, которое Творец приготовил человеку. И главное, что вытекает из этого определения, – что всего этого можно и нужно достичь в этом мире и прямо сейчас!

На самом деле самый важный вопрос заключается лишь в одном: «КАК ВСЕГО ЭТОГО ДОСТИЧЬ».

С самого первого дня появления каббалы, каббалисты пытаются донести это до человечества.

> Чтобы уловить Высшую силу, Творца, мы должны расширить наше восприятие. Это происходит за счет чувственного объединения с другими людьми. Именно на правильных связях между нами раскрывается Творец. Он ощущается как бесконечное наполнение.
>
> *Лайтман Михаэль*

Мы ищем шифры, коды, тайны, наконец, следы древних цивилизаций и инопланетян. Нам кажется, что там, в далях космоса или в глубине истории, скрывается важнейшая информация. Мы уверены, что правительства и тайные организации скрывают от нас правду истории, технологии, в общем, самое сокровенное,

Я и Творец

что может принести нам счастье. А ведь самая главная и удивительная тайна перед нами. Она скрывается во фразе, которая на виду и на слуху у всего человечества уже не одно тысячелетие.

Лайтман Михаэль (род. 1946 г.) – (философия PhD, биокибернетика MSc) – ученый-исследователь в области классической каббалы. Основатель и глава Международной академии каббалы (МАК).

Ее не скрывают, она растиражирована в миллионах копий. Мы относимся ней, как чему-то возвышенному, но абсолютно нереальному. Вот она, эта хорошо известная всем фраза.

«Возлюби ближнего как самого себя».

Фильм смотреть здесь

ТАЙНЫЙ ИЗРАИЛЬ

путешествие во времени

с каббалистами

ISBN 978-965-551-043-0

DANACODE 760-177

Редактор: М. Бруштейн

Художественный редактор: А. Ицексон

Технический редактор: Г. Шустерман

Работа с источниками: Д. Мельничук

Художественное оформление: А. Мухин, С. Клейман

Компьютерная верстка: Б. Ховов

Переводы: О. Ицексон

Корректоры: П. Календарев, Л. Шмуленсон

Руководитель проекта: М. Санилевич

Кредиты:
Изображения с сайта Pixabay https://pixabay.com/
The New York Public Library

МЕЖДУНАРОДНАЯ АКАДЕМИЯ КАББАЛЫ
Учебно-образовательный интернет-ресурс – неограниченный источник получения достоверной информации о науке каббала.
https://kabbalah.info/rus/

ОБУЧАЮЩАЯ ПЛАТФОРМА МЕЖДУНАРОДНОЙ АКАДЕМИИ КАББАЛЫ
Миллионы учеников во всем мире изучают науку каббала. Выберите удобный для вас способ обучения на сайте.
https://kabacademy.com/

ИНТЕРНЕТ-МАГАЗИН КАББАЛИСТИЧЕСКОЙ КНИГИ
Все учебные материалы Международной академии каббалы основаны на оригинальных текстах каббалистов.

Европа, Ближний Восток, Африка
https://books.kab.co.il/ru/

ЗАКАЗ КНИГ В ДРУГИХ РЕГИОНАХ:

Украина и Молдова
https://kabbooks.in.ua/

Россия, страны СНГ и Балтии
https://kbooks.ru

Америка, Австралия, Азия
https://www.kabbalahbooks.info

www.ingramcontent.com/pod-product-compliance
Lightning Source LLC
LaVergne TN
LVHW020415070526
838199LV00054B/3617